AF226729

SUITE

DES PLUS IMPORTANS

MÉMOIRES

ADRESSÉS

AUX ROIS DE FRANCE

LOUIS XVIII ET CHARLES X,

PAR P. Lacoste.

En cette Suite sont des Lettres écrites à M. Paul LACOSTE, et Rapports faits concernant des Evénemens ou Apparitions qui répondent auxdits Mémoires ; et tout ce qui est rapporté en ladite Suite, répond à ces mêmes Evènemens, que le Ciel a manifestés depuis la grande révélation dont il est question de 1807.

Paris,

CHEZ LES MARCHANDS DE NOUVEAUTÉS.

1828.

IMPRIMERIE DE CHASSAIGNON, RUE GIT-LE-CŒUR, N° 7.

SUITE

DES PLUS IMPORTANS

MÉMOIRES

ADRESSÉS

AUX ROIS DE FRANCE

LOUIS XVIII ET CHARLES X.

A M. LACOSTE,
BORDEAUX. -

Lettre. — Réponse de M. Rayet, Juge auditeur,
à Bordeaux.

Bordeaux, le 19 Juillet 1825.

MONSIEUR,

J'ai parcouru avec attention les divers Mémoires que vous avez bien voulu me remettre,
et qui contiennent le récit des choses vraiment mi-
raculeuses, que vous dites avoir vues et éprouvées.
Leur nature extraordinaire s'opposerait, j'ose le
dire, à ce qu'on crût à leur réalité, si l'expé-

rience, l'Écriture et les Pères de l'Église, entr'autres Origène contre celle (taire), ne nous disaient que les Chrétiens ont des visions : ainsi avant vous comme après vous, d'autres ont eu et auront des visions ; mais si dans une matière aussi grave, j'avais un conseil à vous donner, je vous dirai avec l'Écriture : *Que nul n'est Prophète dans son pays*, etc.

J'ai l'honneur de vous saluer,

Monsieur,

Votre très-humble serviteur,

Signé, P. RAYET.

M. Eugène Martin, juge auditeur-conseiller, écrivit de Paris, le 4 mai 1822, à M. Bercegol, capitaine, son frère, le rapport ci-après :

Cette lettre doit vous être remise par le visionnaire de Jouan, qui, je l'imagine cependant, ne s'attache pas à des fantômes quand il s'agit, etc., etc. Il a eu la bonté de venir me voir par deux fois ; il a assisté, m'a-t-il dit, à cette séance orageuse qui sera sans doute la clôture de cette session législative ; et j'ai compris à son air mystérieux que l'ange qui a coutume de lui apparaître, entre Paris et St.-Denis, lui a fait quelque révélation importante sur les futures destinées de la France.

(5)

(Courrier Français des 16 et 17 Août 1826.)

Distribution des Prix de concours entre les Colléges de Paris et de Versailles.

M. le Ministre des affaires ecclésiastiques et de l'instruction publique a pris la parole........ Un second reproche que M. Frayssinous a prétendu repousser, c'est d'abandonner l'instruction publique à une influence secrète qui alarme les fafamilles : les jésuites ne sont plus qu'un fantôme mis en avant par la malveillance, ou par cette maladie indéfinissable dont nous sommes travaillés. Ici encore il nous semble que son Excellence manque de mémoire, et qu'elle est prompte à oublier ce qu'elle a dit. Nous la renvoyons au *Moniteur* du mois de mai dernier. M. l'évêque d'Hermopolis a dit encore qu'il fallait tenir compte du temps, lorsque l'on veut introduire des perfectionnemens dans les institutions humaines, nous sommes ici de son avis, et c'est dans l'avenir que nous espérons pour corriger bien des abus. M. de Frayssinous, à la fin de son discours, a énoncé l'intention de fonder l'ordre et la liberté pour tous. Bien que nous sachions combien il y a loin, chez nos ministres, des paroles aux effets, ce changement de langage n'en est pas moins à remarquer dans la bouche d'un haut fonctionnaire, d'un dignitaire de l'Eglise : c'est du moins une sorte de consolation pour la liberté de n'être plus anathématisée officiellement.

(*Même dite feuille dudit* 20 *Août* 1826.) M. Frayssinous.

Ces situations respectives bien conçues pour-
ront nous aider à mieux comprendre cette allo-
cution solennelle, qu'on peut regarder comme
le discours du trône universitaire à la fin de la
session scolastique.

AUTRE PARTIE.

La bière a bien apparu, c'est bien un miracle :
on veut qu'il en soit connu dans l'enseignement
des écoles primaires ecclésiastiques.

M. Bercegol, maire de Belhaye, a écrit à un
juge, le 21 décembre 1827 :

M. Paul Lacoste de Jouan est poursuivi par le
fantôme..... Le farfadet qui le domine lui avait
dit une fois que j'étais nanti de testament, etc.

Communication faite à M. Aldebert du Grezels,
le 16 avril 1828, pour lui rappeler le rapport
fait en 1810, de l'événement qui m'arriva près
Cahors, à l'occasion de l'épouvante du cheval
que je montais, ayant eu cette épouvante par une
voiture de poste qui me suivait de près, et rappelé aussi à M. Aldebert ce qu'il m'avait dit avoir
été alors manifesté d'en-haut, et fait pour moi,
à cette grande occasion, par l'ex-empereur; que
ledit sieur Aldebert avait appelé un 6, que
M. le curé de Latour m'interpréta le 18 dit avril;

et de quoi communiqué à M. le maire de Belaye le susdit, qui me dit vouloir en conférer avec M. Aldebert.

-----◆-----

Le 2 octobre 1817, j'écrivis le contenu ci-après :

M. Martin du Castelfranc me dit chez lui dimanche dernier, 28 septembre 1817, qu'il avait vu chez M. Dubernard, curé de Grezels, le 1er dudit, les écrits que je lui avais adressés, dont il me parla fort légèrement, et comme ne croyant pas en ce qu'ils contenaient; et il me dit aussi que ce temps de misère était bien propre pour persuader les incrédules, et qu'en de tels temps on croyait plus facilement. Je lui dis que dorénavant on ne croirait, on ne pouvait croire qu'à ce qu'on verrait, et je lui demandai s'il croyait qu'il fût ce jour 28 septembre 1817 ; il me dit qu'oui. Hé bien ! lui dis-je, c'est ainsi qu'on croira en voyant. Il me parla d'une manière vague des apparitions, de fantasmagorie, et me dit qu'au moyen de cette fantasmagorie, on faisait voir des personnes ressemblantes à d'autres. Je lui dis que ce ne paraissait être que des enchantemens, et où habitaient ces personnages, et que je croirais à l'existence de quelqu'un en en connaissant la demeure. Le sieur Martin me parut embarrassé de répondre à cela, et me démontra qu'avec des esprits tels que le sien il pourrait être fait injustice contre ce que j'ai exposé.

(*Ecrit le 2 Octobre* 1817, *par Lacoste.*)

-----◆-----

Aujourd'hui 2 mai 1828, je crois fort me rappeler que ledit sieur Martin me dit aussi à ladite époque fort sérieusement...... Pourquoi n'empêchez-vous pas ces cercueils d'apparaître ? vous épouvantez le monde avec ces cercueils en l'air ; et je crois que je ne sus que lui dire en me parlant de ces cercueils qu'il me dit apparaître.

Ecrit à Jouan, le 2 mai 1828. Le dernier contenu.

(*La Quotidienne, feuille du* 17 *Février* 1827.)

M. le garde-des-sceaux dit à la Chambre des Députés, dans son discours..... Si, cessant tout-à-coup d'être animé des sentimens qui m'ont dirigé, j'avais résolu de préparer et d'amener insensiblement de nouvelles agitations dans mon pays, ce que je ferais, Messsieurs? le voici. (Ecoutez, écoutez.) N'osant d'abord attaquer ouvertement le trône lui-même, j'attaquerais la religion, sur laquelle le trône doit être appuyé; j'attaquerais sans relâche ses dogmes, ses doctrines et sa discipline; je la présenterais superstitieuse, ambitieuse, oppressive, intolérante, et persécutrice pour elle seule; je lui reprocherais sans cesse de manquer de tolérance et de charité ; je rallumerais à tout prix de vieilles querelles qu'on ne comprend plus (Mouvemens en sens divivers); j'évoquerais des fantômes pour émouvoir les consciences et pour diviser les esprits, etc.

(Ledit discours contre la liberté de la presse ou en faveur de la censure.)

Si des apparitions ont été appelées par M. le garde-des-sceaux fantômes, par le Gouvernement circonstances graves, et par d'autres noms , etc., les personnes qui ont eu ces apparitions devraient être plus soupçonnées de les avoir évoquées que ceux-là qui ne les ont pas eues, et qui ont même ignoré qu'elles eussent été et dussent être, et de quelles apparitions ceux-là sont instruits pour y croire, et que depuis environ deux mois, et d'après les rapports récemment faits selon la connaissance donnée par le Gouvernement.

Quant à la haute réponse à faire à M. le garde-des-sceaux, qui ne l'est plus à présent, il la trouvera dans la Sainte Ecriture, en ce qui regarde les promesses de Dieu concernant le Messie.

(Ecrit à Jouan, le 14 Janvier 1828)

Je désire que M. le maire de Belaye veuille dénoncer cet écrit à M. le préfet de ce département, pour qu'il en soit communiqué au Gouvernement.

A Jouan, le susdit 14 Janvier 1828.

Signé, P. LACOSTE.

M. le Comte de Sallabery dit à la Chambre des Députés, le 14 Février 1827.

En vain aux lois complaisantes de 1814, de 1819, 1821, avait succédé la loi de 1822. La loi du 25 mars 1822 était insuffisante en 1824, à l'approche douloureusement prévue du jour fatal où la France devait apprendre la mort de son Roi... La censure fut établie, etc.

Lettre de M. Soubira de Moncuq, dép. du Lot, à M. Lacoste Poulet, à Jouan.

Moncuq, le 23 Octobre 1824.

MONSIEUR ET CHER COUSIN,

J'ai su que vous aviez été à Paris tout récemment, et que vous y aviez resté près de sept mois; s'y j'y avais su votre adresse, j'aurais eu le plaisir de vous y voir, car j'y ai paru un instant pendant que vous y étiez.

Des personnes de votre voisinage, qui sont très-distinguées par leur naissance et l'état de leur fortune, viennent de m'assurer que vous aviez été à Paris pour plusieurs motifs, et entr'autres pour faire part au Gouvernement d'une inspiration et d'une grande révélation que vous aviez eues en 1814, et qui s'étaient accomplies tout récemment. Soyez assuré, mon cousin, que j'ai été dans la plus grande joie d'apprendre cette nouvelle. Je suis très-impatient de connaître les circonstances de cet événement : aussi si j'avais la certitude de pouvoir vous rencontrer sur votre propriété de Jouan, je m'empresserais de venir vous y voir. Si cela ne vous contrarie point, faites-moi le plaisir de me fixer l'époque où vous y serez en demeure fixe, afin qu'il me soit possible de vous voir et de causer avec vous.

J'espère que vous me ferez de suite réponse par Belaye ou par Grezels ; vous trouverez facilement l'occassion de me la faire parvenir.

Je vous salue,

Signé, SOUBIRA , Emigré.

BUREAU DE POSTE.

CHAMBRE DES PAIRS.

A M. Lacoste , Hôtel de la Providence , Passage des Messageries royales , près la rue Montmartre , à Paris.

Du 31 Juillet 1826.

MONSIEUR,

J'avais eu l'honneur de vous adresser une première lettre, où je vous témoignais le plaisir que j'aurai de vous recevoir chez moi, pour avoir un entretien avec vous sur les matières dont votre Mémoire est l'objet. Je me ferai toujours un vrai plaisir d'approfondir les hautes questions que vous avez traitées avec un talent tout-à-fait approprié au sujet. Si vous voulez bien vous trouver chez moi, mercredi à huit heures du matin, rue de Monsieur le Prince, N° 28, vous pourrez demander M. Lagardelli ; j'aurai l'honneur de vous recevoir.

Veuillez agréer mes très-humbles civilités.

Signé, LAGARDELLI.

A M. Lacoste, Hôtel de la Providence, Passage des Messageries royales, rue Montmartre, à Paris.

Paris, ce 3o Juillet 1826.

Monsieur,

Il est sans doute fort heureux pour les esprits qui reçoivent encore avec une courageuse piété les influences bienfaisantes de la grâce qui vient d'en haut, de voir de temps en temps ; au milieu du tourbillon corrompu du sciècle, des hommes courageux qui luttent contre le torrent. La brochure que vous venez de publier, Monsieur, tout en m'offrant l'homme juste que je cherchais, a contribué à me prouver les insurmontables difficultés que l'on rencontre pour faire parvenir la vérité jusqu'à l'oreille des rois. La position où je me trouve placé, et les relations amicales que je conserve avec les ministres, me donnent souvent l'occasion d'appuyer ceux qui ne peuvent se faire rendre justice, malgré la bonté de leur cause, etc.

Je suis avec la plus grande admiration, etc.

Signé, Gavand.

CHAMBRE DES DÉPUTÉS.

Séance du 29 mars 1828.

M. Mauguin monte à la tribune, un profond silence s'établit. (Une foule de membres épars dans les couloirs retournent à leurs places).

M. Mauguin dit dans son discours :

Déjà plus d'une fois vous aviez entendu, même des ministres, prononcer à cette tribune un nom sacré que le respect seul devrait nous engager à écarter de nos discussions; mais jamais du moins vous n'aviez entendu parler des ennemis du Roi. (Ecoutez! écoutez!) Non, le Roi n'a et ne saurait jamais avoir d'ennemis en France ; la seule supposition contraire est un blasphême politique (Rumeurs à droite); elle porterait atteinte à la sécurité des peuples.... L'instant approche où vous aurez besoin de donner à la couronne l'appui de votre influence sur l'opinion. Une politique stupéfiante a cessé de régner (bravos à gauche), et le monde entier s'ébranle (murmures à droite). Nous allons entrer dans une ère nouvelle; il faut que la France réponde aux vœux des peuples. Votre premier devoir est d'appaiser ces graves ressentimens dont vous u'avez pas craint de porter la voix jusqu'aux pieds du trône.

Journal des Débats du 9 mars 1828, où il est dit que le tableau du sacre ne paraîtra pas au salon de cette année, et que les souffrances de M. Gérard, premier peintre, l'obligent à s'occuper d'un travail moins fatigant que de la grande machine du sacre.

Le même Journal des 5 et 7, dit :

Les plaies de la France, de la vérité et censure, des circonstances graves, et vérité au silence dont il est question.

L'Oracle du 10 avril 1828, dit Extrait du Conservateur de la Restauration : Tous les évêques de France et celui de Pignorol ont publié, à l'occasion du carême, des mandemens où les causes de la maladie indéfinissable sont exprimées, et où ses résultats extrêmes et menaçans sont prévus avec une vérité qui montrera un jour la sagesse profonde de l'Eglise gallicanne.

A M. de Ladevèze, Vicaire général de Cahors, et MM les Chanoines du Chapitre (le Siége vacant.)

MESSIEURS,

J'ai l'honneur de vous faire connaître la lettre que j'adressai, le 22 mars dernier, à M. le Maire de Belaye, pour qu'il la communiquât à M. le Préfet de ce département. Ce Maire me dit le 9 de ce mois, que cette lettre lui avait été renvoyée de la préfecture, qu'il me remit ensuite, la lui ayant demandée. J'exprimais en cette lettre le désir qu'il vous en fût communiqué, Messieurs, et que vous vous concertassiez avec M. le Préfet sur ma demande de parler ou lire en chaire à la Cathédrale. Si c'est ainsi que M. de Folmont aîné me l'a dit, que je doive prendre le renvoi de ladite lettre pour une adhésion à ma demande, il est encore utile que je concerte avec vous, Messieurs, pour prendre le jour et l'heure de mon apparition pour cet objet à la Cathédrale, et je désire qu'il vous plaise que ce soit en cette semaine ou dimanche au plus tard après vêpres. Ce que j'ai à dire est fort court, conciliant, et répondant à ce que le Gouvernement même a manifesté en cette année devoir être.

Vous verrez, Messieurs, en ladite lettre, des rapports incontestables sur les événemens ou miracles qui ont été depuis 1824; et des mêmes qui avaient été avant cette année, sont aussi notoires, puisqu'ils ont occasioné en ce diocèse des chants du TE DEUM dans les Eglises.

J'ai l'honneur d'être,

Messieurs,

Votre très-humble et
obéissant serviteur.

Signé, Paul LACOSTE.

Cahors, le 25 avril 1828.

P. S. Je suis logé au Palais-Royal, à Cahors, chez M. Francés.

A M. le Maire de Belaye, département du Lot.

Jouam, le 22 Mars 1828.

MONSIEUR LE MAIRE,

Je vous ai livré, il y a peu de temps, la copie de la lettre de M. Soubira du Moncuq, en date du 28 octobre 1824, qu'il m'écrivit, et aussi la copie de celle que me fit écrire M., etc., le 30 juillet 1826. Après avoir vu les originaux de ces lettres, vous me dites les avoir insérées dans les registres de la commune. Les grands événemens qui furent les motifs de ces lettres, sont dignes qu'elles aient une publicité plus étendue. Vous avez vu, M. le maire, que M. Soubira me dit dans sadite lettre :

« Des personnes de votre voisinage, qui sont très-distinguées par leur naissance, viennent de m'assurer que vous aviez été à Paris pour plusieurs motifs, et entr'autres pour faire part au Gouvernement d'une inspiration et d'une grande révélation que vous aviez eues, et qui s'étaient accomplies tout récemment. Soyez assuré que j'ai été dans la plus grande joie d'apprendre cette nouvelle ; je suis très-impatient de connaître les circonstances de cet événement, etc. »

Vous vous rappelâtes, M. le maire, m'avoir parlé avec M. Colonges, chez M. de Folmont, en 1824, de cette lettre que vous lûtes alors. Je ne répondis point à M. Soubira, parce que j'ignorais ce qu'il me disait en me parlant dudit événement ; mais en avril dernier, étant venu me voir à Jouan, il interpréta ainsi cet événement.

« Vous fûtes, dit-il, à St.-Cloud étant à Paris, en 1824, et étant au château de St.-Cloud, un cercueil tomba du ciel près de vous, et Dieu manisfesta ainsi votre immortalité. »

Etant chez M. de Gozon, ex-député, il y a quelques jours, il me conseilla de voir, en allant à Moncuq, M. Albugues, maire de Lastours, et ce M. Albugues me dit avoir entendu parler dans le temps de l'événement arrivé alors à St.-Cloud. Je vous ai parlé, M. le Maire, M. de Folmont étant chez vous, il y a peu de temps, que m'étant présenté au château des Tuileries, le 13 août 1824, et introduit dans l'appartement de M. le premier Gentilhomme de la Chambre du Roi, MM. ses secrétaires m'avaient demandé si je voulais l'histoire de la bière, ou du miracle arrivé récemment à St.-Cloud, et que je n'avais su que répondre, l'ignorant.

Vous me dites dans le mois de janvier dernier, M. le Maire, qu'ayant rappelé en écrit à M. le curé de Latour qu'il m'avait dit en votre présence, et de M. Sinton de Cahors, après mon arrivée de Paris, et en septembre 1826, qu'une bière me suivait à Paris, ou un cercueil; qu'il était vrai que ce prêtre me l'avait dit. Les faits dont il est question en la lettre que je vous ai adressée, le 17 décembre dernier, répondent parfaitement à ce récit de M. le curé de Latour. Le 16 de ce mois, j'ai mis en écrit des narrations récemment faites par deux jeunes domestiques que j'ai eus à Jouan, l'un en 1820 et l'autre en 1826, qui ont dit avoir eu des mêmes dites apparitions dans ma maison, à Jouan, et avec des lumières; ce qu'ils manifestèrent et dirent aux époques de ces événemens les confirment. Ceux publics à Bordeaux, rue du Parlement, en l'année dernière, me furent visibles; et aussi alors au jardin public, à Bordeaux, un jeune écolier de cette ville me parlant, et en présence du public. Les rapports des diverses parts qui me furent faits à Paris, en 1824 et 1826, les pleurs qu'occasionnèrent en ces temps lesdits événemens, les censures établies à ces causes, les débats faits aux chambres, sont des faits trop notoires pour que le public puisse les ignorer. C'est avec juste raison que M. Jacquinot de Pampelune, commissaire du Roi, dit dans son discours à la Chambre des Députés, le 9 mars 1827, parlant relativement auxdites censures :

« Que peut-on craindre qu'on apprenne au peuple français? on lui a tout dit en mal comme en bien. Il a tout vu, tout su, tout entendu; il a mangé du fruit de l'arbre de science ; et lorsqu'on

2

s'obstine à vouloir obtenir qu'il ignore ce qu'il sait parfaitement, ce dont il a l'expérience, il me semble voir le père de l'enfant prodigue, qui, au lieu d'entrer dans le secret de ses misères, garderait avec lui cette mesure, cette pudique réserve, qu'on doit à la première innocence. »

Le Bulletin du Clergé du 2 décembre dernier, dit aussi :

« Mais qu'est-il besoin d'insister sur le danger des systèmes en politique, en présence des doctrines systématiques que l'on prêche aujourd'hui hautement, en presence surtout des tristes résultats de ces doctrines? Ceux qui tenaient les rênes de l'administration, trouvant les routes ordinaires trop faciles, ont voulu en tenter de nouvelles ; ils ont entraîné avec eux le char de l'état ; ils l'ont conduit à travers des voies difficiles, des sentiers raboteux, jusques sur le penchant du précipice ; et, après une marche longue et pénible, nous n'avons pour nous reposer que le bord d'un abîme ! Voilà notre position, la voilà telle que l'esprit du système l'a faite. »

Je vous ai parlé, M. le Maire, des rapports qui me furent faits en 1825, concernant l'événement de Reims, en me conseillant d'aller en ce lieu; on me le conseilla encore à Paris, après cette même année; et n'est-ce pas avec juste et très-grande raison que la Chambre des Députés, après avoir appelé ledit événement circonstance grave, en a changé le mot en ressentimens graves? et peut-on en perdre le souvenir, une grande partie de la France en étant témoin? Il faut être dominé par l'esprit de la perversité pour desirer prendre encore part à ce que le Ciel a manifesté rejeter, appelé, dans ledit Bulletin du Clergé, systèmes. Qu'on ne croie pas pouvoir se sauver en voulant à son plaisir maintenir lesdits systèmes, que le ciel a manifesté rejeter : les justes, aidés de Dieu, l'emporteront sur les méchans

Je vous prie, M. le Maire, d'envoyer cette lettre à M. le Préfet de ce département, afin qu'il la fasse connaître au Gouvernement. J'irai, j'espère, bientôt à Paris. Si, avant mon départ, le chapitre de Cahors, le siége étant vacant, voulait, de concert avec M. le Préfet et les autres autorités de Cahors, l'avoir pour agréable, je parlerais en chaire à la cathédrale de Cahors.

J'ai l'honneur de vous saluer,

Monsieur le Maire,
fort respectueusement.

Signé, P. LACOSTE.

P. S. Ayez la bonté, je vous prie, de me répondre. J'ajoute ici un extrait d'un journal, appelé *Feuille Parisienne*, du 1ᵉʳ mars 1828.

« Il est bien permis aujourd'hui de chercher à sortir du chaos, en se plaçant sous la protection des dépositaires de la vérité; s'ils veulent bien, comme nous devons l'espérer, nous communiquer ce qu'ils possèdent, nous le partagerons avec nos lecteurs, et nous ne laisserons jamais écouler l'espace d'une semaine sans donner des preuves de notre fidélité à nos promesses, et de la satisfaction que nous éprouverons à les accomplir... On ne cherche qu'à dissimuler ou à recevoir des éloges : le chrétien répentant rend à la vérité un hommage d'autant plus héroïque, que ce témoignage le condamne lui-même. »

Réponse de M. le Maire de Belaye à la lettre ci-dessus.

De Fleiras, le 27 Mars 1828.

MONSIEUR,

J'ai reçu la relation écrite que vous m'avez adressée le 22 du courant ; je la transmettrai à M. le Préfet, conformément à vos desirs.

J'ai l'honneur d'être avec une parfaite considération,

Monsieur,

Votre très-humble et très-obéissant serviteur.

Signé, J^n BERCEGOL,

MAIRE DE BELAYE.

A M. P. Lacoste, propriétaire à Jouan.

———————

L'Oracle Européen du 11 mai 1828, donnant une notion de la vie privée de M de Frayssinous, ex-Grand-Maître de l'Université et Ministre des affaires ecclésiastiques, dit :

M. Frayssinous n'a paru à la tribune nationale que lors de la discussion du budget, et l'on se souvient encore des deux discours qu'il prononça à l'occasion de celui de 1826. Dans cette circonstance remarquable, il avoua l'existence de cette congrégation qu'un parti voulait faire regarder comme imaginaire, et dont M. de Montlosier a prétendu dévoiler la marche et les desseins.

Une lettre de M. l'Evêque de Carystos Basilidés à M. le comte de Montlosier, au nom de la plupart des archevêques et évêques grecs, dont l'auteur (réel hélas!) s'est déclaré le Mémoire dudit M. Montlosier qui a occupé, me disent les feuilles publiques, toutes les Cours royales de France et tous les Barreaux, et tant d'autres choses qu'on peut dire authentiques du même Montlosier, porteraient presqu'à croire que les uns en ont fait un Messie, et que d'autres en ont voulu faire... ils ne savent peut-être quoi, du moins en principal ; mais il y a raison de dire en attendant, etc.

A M. Lacoste et Poulet Delisle , à Cahors.

Cahors, le 25 Avril 1828.

MONSIEUR ,

C'est avec la plus vive émotion et avec un sentiment de crainte et de respect que j'ai appris votre arrivée dans la ville de Cahors ; aussi je m'empresse de venir déposer aux pieds du grand Melchisedech le témoignage des révélations à lui faites à Reims, Belaye et Saint-Cloud. J'ai lu dans votre immortel ouvrage toutes les vérités qui vous ont été prédites par les Prophètes , et c'est à genoux que je viens vous supplier d'agréer les félicitations d'un homme qui se croit l'égal des Chérubins , puisqu'il est appelé à contempler la face du roi des rois. Puisse , Monsieur , votre doctrine faire des progrès gigantesques ; c'est la grâce que vous souhaite celui qui est et qui sera toujours le partisan et le disciple du grand prêtre Melchisedech.

Signé, LOYAL.

P. S. Je serai charmé, Monsieur, d'avoir de vous un exemplaire de votre sublime ouvrage ; si je puis obtenir de votre insigne bonté cette grande faveur, veuillez l'adresser au personnage éclairé qui vous remettra ce peu de mots que je vous adresse.

———

Lettre de M. SOLACROUP, Vicaire général, à Cahors.

A M. Lacoste, Propriétaire, au Palais-Royal, à Cahors.

Cahors, le 25 Avril 1828.

MONSIEUR,

J'ai reçu le paquet que vous avez adressé le 23 du courant, et je vous promets d'en donner communication à Monseigneur d'Hautpoul, notre nouvel évêque.

Agréez, Monsieur, l'assurance de la parfaite considération avec laquelle j'ai l'honneur d'être,

Votre très-humble serviteur.

Signé, SOLACROUP,

VICAIRE GÉNÉRAL.

———

A M. Lacoste, Recteur de l'Académie de Limoges, à Belaye.

Cahors, le 25 Avril 1828.

MONSIEUR,

Je m'empresse de répondre à votre lettre par laquelle vous me demandez des renseignemens

sur les fameuses révélations de Belaye. Animé du
desir d'être utile à mes concitoyens, je m'estime-
rais heureux si, en dévoilant la vérité, je pouvais
servir vos projets qui sont si louables , puisqu'ils
ont pour but de faire ouvrir les yeux à un peuple
qui vit dans l'ignorance depuis que le monde a
commencé , et qui y vivrait encore jusqu'à la fin
des siècles , si un envoyé de Dieu ne venait lui révéler des mystères qui doivent le conduire au
vrai bonheur.

Je me rappelle avoir beaucoup entendu parler
de ladite révélation qui eut lieu en 1819 ; mais
alors d'un âge encore trop tendre pour en me-
surer toute l'étendue , je n'ai pu retenir quel en
était le sujet ; cependant à peu près vers cette
époque , je sais qu'on chanta des TE DEUM dans
toutes les paroisses qui dépendent du diocèse de
Cahors. Outre la connaissance que j'ai des faits
que je viens de vous exposer , j'ai aussi appris
qu'en 1824 , il avait été fait à Saint-Cloud une
autre révélation , chose qu'on ne saurait contes-
ter ; car ceux qui s'y trouvaient présens versaient
des torrens de larmes, et l'on remarquait parmi
ceux qui manifestaient le plus d'affliction , les
personnes les plus distinguées de la capitale. J'espère que votre zèle ne trouvera pas d'obstacles ,
et que les hommes seront bientôt pénétrés des
importantes vérités que vous avez à leur révéler.
Le grand œuvre que vous allez entreprendre sera,
je n'en doute pas , couronné du plus heureux suc-
cès , et l'on reconnaîtra sans tarder la puissance
de Melchisedech, qui vivra dans les siècles des
siècles. En attendant que la grâce vienne d'en
haut , je vous prie de croire au respect de celui

qui se fait un plaisir de vous satisfaire, et qui se fait un honneur de se dire,

> Votre très-humble et très-obéissant serviteur.

Signé, PEYRONNEN.

Et dit : *Tu es sacerdotes in eternum secundum ordinem Melchisedech.*

Déclaration donnée à M. Paul Lacoste, habitant la commune de Belaye, département du Lot, par le sieur Delmouly, propriétaire de ladite commune, comme ci-après concernant un fait.

Déposition faite par plusieurs propriétaires de la paroisse de Belaye. Raynaly (Pierre), Laviguerie (Guillaume), Braquet (Pierre), Bel (Jean), Delmouly (Jean), Lagard (Guillaume), Lacombe (Jean), Aldhuy (Pierre), Cler (Jean), Raynaly (Jean), David (Arnaud), Cler (Hugues), Cler Fitrou; au sujet d'un *Te Deum* que M. Labie, prêtre, chanta dans l'église dudit Belaye, à la sortie des vêpres, en 1819; le dit *Te Deum* fut chanté le jour de Noël. Les parroissiens rentrèrent d'après l'invitation de M. Labie. Les uns rentrèrent et les autres ne rentrèrent pas. Quant à moi, ne rentrai pas.

Belaye, le 9 mai 1828.

> *Signé*, DELMOULY.

Ledit sieur Delmouly m'a dit, en me donnant la susdite déclaration, que les particuliers y nom-

més n'avaient pas voulu ou osé s'expliquer autrement, crainte de s'attirer une affaire de justice.
Les cris unanimes des paroissiens du Belaye,
devant la porte de l'église ledit jour de Noël 1819,
au sortir de l'église à l'issue des vêpres, ont été
récemment le sujet de vifs ressentimens, et discours qui ont fort ému.

Autres déclarations données en écrit à Bordeaux,
en mai 1828, concernant d'autres faits ou apparitions déclarées avoir été en mai ou juin 1827, à
Bordeaux, rue du Parlement, et rapports faits là-
dessus de vive voix par divers, concernant le
transport des prêtres en forme de funérailles,
plusieurs fois été à la même époque, etc.

Courier Français du 6 Juin 1827.

On lit l'article suivant dans le *Précurseur de
Lyon*, Journal qui défend avec autant de talent
que de courage la liberté publique.

Les discours de M. Gautier sont devenus, pendant plusieurs jours, l'objet des attaques et des
insipides commentaires de la Gazette de Lyon.
Elle a compris combien étaient graves les paroles
de ce député véridique et conscientieux... Moins
heureux que la Gazette, nous ne connaissons point
le sphynx qui est venu lui révéler la solution de la
mystérieuse énigme; mais, ce que nous pouvons
affirmer, c'est que la cité toute entière de Bordeaux a applaudi aux triomphes parlementaires
de son député; c'est que sa famille, justement ho-
norée, a reçu les félicitations unanimes de ses concitoyens; c'est qu'enfin les Bordelais, tout en ad-

mirant l'éloquence de M. Gautier, furent loin d'en être surpris. Ils savaient en effet qu'il ne lui fallait qu'une occasion pour montrer un beau caractère et un beau talent. L'occasion s'est présentée, et M. Gautier a répondu à l'attente publique, etc.

(Dit Journal du 9 dit.)

Paris, 3 Juin.

S'il est triste pour les amis sincères de la religion de voir des hommes qui se parent de ses insignes, se faire des espèces de colporteurs de superstitions, c'est une consolation pour les gens qui tâchent de rester pieux sans faire divorce avec la raison, de voir que chez nous du moins tout le monde ne se laisse point séduire à l'apparence.... Le pieux historien d'un grand pape, Benoît IV, qui écrivait en Italie, il y a près de 40 ans, les paroles que nous allons transcrire : « Sous prétexte des Catacombes, il est facile de tromper sur les reliques nombreuses qu'on distribue à Rome. Les chrétiens y enterrent les martyrs, mais il y a un choix à faire; ainsi les véritables reliques mêmes sont le plus souvent apocryphes, si elles ont appartenu à quelques martyrs, on ne sait auquel, et c'est le hasard seul qui les nomme.

(Dit Journal du 23 Juin 1827.)

Ordonnance royale pour la clôture des Chambres des Pairs et Députés de cette dite année.

(Dit Journal du 26 dit Juin 1827.)

Ordonnance du Roi qui établit la censure. Deux ordonnances de plus relatives à la dite censure. (Ainsi que prédit.)

———

Courrier Français du 1er Juin 1827.

Il est beaucoup question du rétablissement de la censure ; on en parle dans les salons, dans les lieux publics, on en parle à la tribune. C'est depuis trois ans le bruit obligé à la fin de chaque session.

———

Voici ce qu'on lit dans l'Étoile, à l'occasion de l'écrit que vient de publier M. le comte Gaëtan de Larochefoucauld, et dont nous avons cité hier un fragment.

Le duc de Larochefoucauld s'est refusé jusqu'au dernier moment à celles des pratiques auxquelles il ne croyait point : ce n'est point là la vraie foi ; ce sont les erreurs humaines, disait M. de Liancourt... Et le cercueil fut jeté dans la fange, dit M. Gaëtan. Nous laissons à la famille du duc de Liancourt, à la Pairie entière, à tout homme doué de quelque pudeur, à peser la valeur de ce dernier outrage. Nous laissons aussi à ceux qui douteraient encore de l'intolérance du parti dominant, à juger de ses doctrines par la dernière phrase de cet inconcevable article.

———

A M. le comte Dessèze, Pair de France, premier Président de la Cour de Cassation.

Paris, le 20 Juillet 1826.

MONSIEUR LE COMTE,

J'ai reçu hier le paquet que vous avez eu la bonté de m'adresser (ouvrage intitulé *Presse périodique*, édition de février 1826); j'ai l'honneur de vous envoyer en échange deux exemplaires de mes Mémoires récemment imprimés. J'en ai adressé plusieurs autres au ROI, à des ministres, pairs, évêques, députés, prêtres, etc.

Je ne crois pas que nous revoyons jamais des temps désastreux de révolution, dont le souvenir nous fait encore gémir. Ce que je dis à présent est rapporté en mes Mémoires, et a été exprimé sous le régime révolutionnaire, en traitant ce qu'emmena la révolution de grands maux. Mes principes sont toujours les mêmes ; mais quoique puissent les révolutionnaires, pourront-ils empêcher que la Sainte-Écriture rapporte les promesses que Dieu a faites concernant le Messie, et les bienfaits que tous les hommes doivent en recevoir en ce monde et en l'autre vie ? Qui peut empêcher que cette même Écriture assure que Dieu ait dit que ce Messie régnerait éternellement sur toutes les nations ? Quelles sont les Chartes qui puissent empêcher que Dieu effectue ses promesses quand il lui plaira, et que toutes les religions qu'il y a dans le monde soient unies à une seule selon l'esprit de Dieu ? Tous les gouvernemens ayant leur Charte qui reconnaît la religion professée dans chaque état, et y en ayant un si grand nombre, il faut donc que chaque gouvernement dise en parlant à Dieu, qu'en voulant unir toutes ces religions à une seule, il enfreint les constitutions ou Chartes de tous les Etats et Gouvernemens, et qu'il faut qu'il laisse les choses ainsi qu'elles sont relativement aux diversités de religion ; que les hommes continuent d'adorer les uns les démons, d'autres des monstres imaginaires ; que certains reconnaissent des hommes morts ou des esprits pour Messie, et que toutes les idolâtries qu'il y a sur la terre continuent, étant protégées par les Chartes des divers gouvernemens. Si l'on veut que Dieu prenne en considération toutes ces Chartes, l'on veut donc priver les peuples des très-hautes faveurs que le règne de Dieu doit leur procurer, et parce que ce règne enfreint les Chartes. Un député de mon département m'écrivit en partant, et me dit en termes formels, et parlant avec connaissance desdits Mémoires, que la Charte protégeant la religion de l'Etat, c'était l'enfreindre d'après l'exposé auxdits Mémoires ; mais à présent je demande si c'est Dieu ou les hommes qui doivent être obéis en cela, et si les conciles doivent en décider ? Vous me ferez grand plaisir, M. le comte, si vous voulez me répondre.

J'ai l'honneur d'être, etc.

Signé, LACOSTE.

P. S. Nous ne verrons plus ces temps de barbarie, où le roi Hérode fit massacrer tous les enfans de Bethléem au-dessous de deux ans, en croyant envelopper dans ce massacre le Messie, craignant d'être détrôné. L'Évangile affirmant cette atrocité, on ne peut en douter.

Instruction pastorale de M. de Montals, Evêque de Chartres, le jour de Noël 1825.

...Il faut donc nous expliquer ouvertement, dissiper les horribles fantômes qu'on ne cesse d'offrir à vos regards... N'est-il pas visible qu'on veut vous faire prendre le change, quand on nous accuse devant vous de vouloir renverser ce qui existe?.. Ne pouvant briser la colonne, ils la frappent, ils la noircissent, ils l'enveloppent de flamme et de fumée :... ils ne cherchent qu'à vous effrayer par des fantômes... Mais comment se fait-il donc, nous demandez-vous, N. T. C. F., qu'une partie du public prenne le change? Par quel art, par quel prestige les ennemis du sacerdoce, dont la morale n'est pas d'ailleurs très-rassurante, se font-ils passer pour un parti innocent, doux, pacifique, qui ne songe pas à mal faire, et traduisent-ils les prêtres en furieux qui veulent tout exterminer? Il est plus aisé que vous ne pensez d'expliquer ce renversement, cette confusion monstrueuse d'idées et de jugemens. L'abus de la liberté de la presse, voilà la clef de l'énigme : ce principe explique tout. Il pourrait servir à rendre raison de phénomènes plus étonnans encore, s'il pouvait y en avoir beaucoup de ce genre. Pour peu qu'on creuse dans la constitution morale de l'homme, on y trouve une particularité sur laquelle les gouvernemens n'ont pas fait, ce me semble, assez de réflexions. Cette circonstance, la voici : c'est qu'il est impossible de calculer les effets que peut produire sur les esprits la continuité des impressions ; je veux dire l'affirmation ferme , répétée , non interrompue des mêmes choses ; la puissance inouïe de ces machines que la vapeur dilatée fait mouvoir , ne les égale point. Cette propriété incontestable de la continuité d'action est sans doute augmentée ici par la mobilité presque générale des esprits , par la crédulité , par l'irréflexion , par les passions de la multitude si promptes à s'enflammer; mais enfin elle a quelque chose de prodigieux et de magique.

Revenir sans cesse sur des erreurs que l'ignorance générale, et peut-être le besoin des siècles rendent bien plus graciables , erreurs qui ont été d'ailleurs expiées , et tout récemment encore, par de si horribles tribulations , est-ce là consulter, je ne dis pas la religion , mais la bonne foi la plus commune ?.... Mais ces écrivains infatigables ne fixent vos regards que sur un tombeau.

Nous affirmons avec serment , puisque l'importance du sujet le demande, que depuis que nous sommes dans ce diocèse , aucune suggestion étrangère, de quelque nature qu'on la suppose , n'a été employée pour nous faire adopter telle opinion , tel parti, telle mesure... Mais c'est assez vous parler de nous, N. T. C. F.; nous nous sentons pressés en finissant de pourvoir , d'une manière plus directe, à la conservation de votre foi si tristement exposée de nos jours..... Mais , ô hommes doctes et curieux, si vous voulez discuter la religion, apportez-y du moins et la gravité et le poids que la matière demande; ne faites point les plaisans dans des choses si sé-

rieuses et si vénérables. Ces importantes questions ne se décident point par vos demi-mots,
etc., etc.

Donné à Chartres,   jour de
Noël 1825.

Signé † CLAUDE-HIPPOLYTE,

ÉVÊQUE DE CHARTRES.

Son Excellence le Ministre des affaires ecclésiastiques, évêque d'Hermopolis, dit en son
discours à la Chambre des députés, le 25 mai 1826...
Craignons de prendre pour une réalité un fantôme qui s'enfuit, et qui s'échappe de nos mains,
à mesure qu'on veut le saisir.

M. Casimir-Périer répondant audit discours de
M. l'Evêque d'Hermopolis : Le sujet, dit-il, est
d'une grande grande gravité, mais c'est le nom de
famille que M. l'Evêque d'Hermopolis n'a pas,
dit-il, donné. (On rit.)

Mais M. Mauguin, en disant à la Chambre des
députés, le 29 mars 1828, que déjà plus d'une fois,
on avait entendu même des Ministres prononcer
à la tribune de la Chambre des députés un nom
sacré que le respect seul, dit-il, devroit engager
à écarter de leurs discussions, dévoila sans doute
ce nom demandé par M. Casimir-Périer ; et le
même, sans doute, dévoilé à la séance dite orageuse de 1822, dont écrit est rapporté en ce re-
cueil.

Voyage à Lauzun en mai 1809 ; ce que me dirent
des bourgeois de Monclar, département du Lot-

et-Garonne, en ledit voyage, concernant un fait apparent ; et rapport qui m'a été fait la-dessus à Bordeaux en mai 1828.

Rapport fait à Cessac par Madame Constans, née Laur, aux fêtes de la Pentecôte 1821, concernant un miracle qu'elle dit avoir été à la cathédrale de Cahors, le dimanche de la dite Pentecôte, dite année 1821. Les larmes que versèrent alors à table, à Cessac, les trois Messieurs qui venaient de Cahors. Vase d'église appelé soleil que je vis à terre à cette époque ; et rapport qui m'a été fait à Bordeaux en mai 1828, concernant, dit-on, le changement de la religion dont il avait été question après ledit miracle arrivé à Cahors.

Le rapport fait au Roi par le Ministre de la justice le 20 janvier 1828, concernant les Ecoles primaires ecclésiastiques ; la Commission alors établie ; ce qui fut dit à l'ouverture des Chambres, concernant la vérité, les lois, etc., et des faits au dit rapport ont occasionné, même par les journaux, divers discours ont surtout, d'après ce que j'ai lu, excité l'intérêt des prêtres, en ce qui regarde l'enseignement dans lesdites Ecoles primaires. A l'apparition de ce rapport, certains prêtres, connaissant l'ouvrage que je publiai en 1826, me dirent que la religion allait recevoir des modifications, et qu'il y aurait des innovations dans l'enseignement desdites Ecoles primaires. Le discours que je tins là-dessus, fut qu'en voyant évidemment la fausseté des doctrines ; l'on ne pouvait rien en conserver ni admettre dans l'enseignement, et que tout devait entièrement changer en ce qui touche le dogme de la chrétienté ainsi connu. Il a été dit en autre part ce qui pouvait se conserver de la religion établie depuis dix-huit siècles, appelée catholique et chrétienne : d'ailleurs, l'office divin, les vêpres seront pour toujours conservées, et chantées à la même heure. En quittant Paris, en 1826, j'écrivis à M. l'Evêque d'Hermopolis, et lui dis ce que je croyais qu'il eût à faire en conscience pour le salut de tous les hommes et le changement de la religion ; je ne sais ce qu'il a dit là-dessus, mais on n'en voit pas des effets. Je puis certifier que plusieurs prêtres, en connaissant les vérités révélées, m'ont manifesté désirer le plutôt possible ce changement de religion, et dit ne pouvoir autrement se sauver ; l'Auteur même de cette chrétienté ayant dit que les choses n'étaient pas accomplies par lui, et qu'il viendrait en les temps marqués par Dieu le père, celui par qui le monde serait gouverné.

Nous devons croire que les hommes sont tous autres qu'au temps de Pharaon, dont l'opiniâtreté provoqua Dieu à frapper la terre de plaies par des miracles, n'en trouvant jamais assez, et jusqu'enfin à se faire submerger et anéantir avec ses armées.

Il serait trop des choses à dire là-dessus, et concernant la lettre ou instruction pastorale de M. l'Evêque de Chartres, dont il est rapporté en cet ouvrage. Mais qu'on sache que l'oint de Dieu même, qui est le seul dispensateur des grâces, pour l'univers, n'aura les principes et morale qu'ainsi que Dieu le père l'a voulu pour que les hommes fussent tous en grâce devant lui, et que ce n'est pas à des hommes pécheurs, et surtout ceux qui se voient déchus de leurs qualités, à chercher à pénétrer les desseins du Tout-Puissant en ce qu'il a manifesté vouloir en le Messie. Il a été écrit en étendue sur l'article avant l'émission de M. l'Evêque de Chartres ; et qu'on ne peut dire nous ne voudrions pas connaître la vérité et rester aveuglément dans l'erreur, ou le manifester ainsi. Il y a plus que des fantômes. (Quelle expression !)

Feuille du 27 *Juillet* 1827 *du Courrier Français.*

Au premier moment de l'apparition de l'écrit de M. de La Mennais, il m'a été expédié de la Chancellerie des affaires étrangères la dépêche suivante.

Paris, le 3t Mars 1826.

Monsieur le Comte ,

Il a été jugé à propos de vous dispenser du soin, que vous avez pris jusqu'à présent, d'adresser au Ministre des affaires étrangères vos observations sur les principaux ouvrages politiques, et sur ceux d'administration intérieure qui vous étaient euvoyés du Ministère. Ces envois cesseront en conséquence à dater de ce jour. A dater de la même époque, vous cesserez également de recevoir le traitement de six mille francs, qui vous était payé sur l'article des dépenses accidentelles du Ministère, et qui, depuis le 1er janvier dernier, avait été imputé sur les fonds dévolus aux traitemens du service intérieur.

Recevez, etc.

Signé, le Baron de DAMAS.

C'est ainsi que le Gouvernement du Roi a jugé à propos de traiter la fidélité au Roi. On va voir comment un évêque et son clergé ont jugé à propos de traiter la fidélité à la religion. Depuis quelques jours, on annonçait à Clermont qu'un grand éclat devait avoir lieu. Au moyen de cette annonce, quand on se fut assuré d'une grande affluence, le dimanche 9 avril de cette année, l'apostrophe méditée se réalisa ; je crois devoir la rapporter dans toute son étendue.

Oui, mes frères, on ne peut se le dissimuler, l'impiété n'est point encore lassée, etc., et dit tout cela a été débité à la cathédrale de Clermont, etc.

Courrier du 30 *Juillet* 1826 ; *il y est dit :*

Un décret de la Congrégation de l'*index*, en date du 12 juin, condamne et met à l'*index* des livres défendus : l'ouvrage de M. de Montlosier ; *Mémoire à consulter* sur un système religieux et politique, tendant à renverser la religion, la société et le trône. Cet ouvrage pouvait se passer en France de ce nouveau titre de recommandation à l'estime publique.

Dite Feuille du 31.

M. de Montlosier a donné un grand intérêt à la question des personnes ; mais la question des doctrines, celle des faits, du péril public, offrait une bien plus haute importance ; essayons d'en offrir une analyse rapide. Voici d'abord la doctrine ultramontaine : « Le pape est le seul mo-

narque de tout l'univers ; tous les rois, tous les
chrétiens sont ses tributaires et ses sujets ; les ri-
chesses de toutes les nations composent son pa-
trimoine. » On a rejeté la déclaration de Bossuet
et du clergé gallican, etc.

Quotidienne, feuille du 16 Juillet 1826.

Il y est dit :

Enfin sont venues les clameurs contre les jésuites, les nouvelles tendresses pour les libertés
de l'église gallicanne, les erreurs de l'ultramon-
tanisme, toutes choses d'autant plus actives dans
les disputes, qu'elles se présentent plus obscuré-
ment à l'intelligence, qu'elles touchent à des inté-
rêts moins pressans et moins directs, qu'elles of-
frent assez de vague et de lointain, pour mieux
égarer les consciences et embarrasser les crédu-
lités. Là encore les esprits se sont partagés, les
communautés d'opinion se sont désunies, les uns
se laissant aller à la poursuite d'un fantôme.

Même dite feuille du 27 dit Juillet 1828.

Paris, 27 Juillet 1826.

Notre tâche devient tout à la fois et plus triste,
et plus facile. Nous n'avons plus besoin des cal-
culs de la prévoyance, nous sommes dans la car-
rière des faits, etc.

*Lettre de M. de Flauzac, Député, du 14 Juin 1826,
A Monsieur Lacoste, à Paris*

Monsieur,

Abattre l'idolâtrie, faire tout rapporter à Dieu,

c'est un projet de tout honnête homme ; mais notre religion est-elle une idolâtrie? ne fait-elle pas tout rapporter à Dieu *?*

Sur la première question, permettez-moi de ne pas entrer dans une longue discussion de théologie. La religion de l'Etat est celle de nos Pères, ses principes ne prescrivent que le bien : faites aux autres ce que vous voulez qu'il vous fût fait, me disent ses ministres. Je dois les croire, et ces paroles seules sorties de leur bouche me convaincraient qu'ils ne sont pas ministres de l'erreur.

Quant à la deuxième question, il me paraît que rien n'est à réformer à ce sujet dans notre religion, puisque, après ses préceptes, toutes les actions des hommes doivent se rapporter à la gloire du Très-Haut.

Voilà, Monsieur, ce que je pense touchant l'intention de réforme que vous manifestez. En supposant cependant que vous persistiez à croire que uous sommes idolâtres, et que vous puissiez donner les preuves de cela, je ne pense pas que ce soit au Gouvernement que vous deviez vous adresser pour les innnovations à introduire. En effet, ce serait, monsieur, demander l'abrogation de l'article six de la Charte, qui porte : *La religion catholique, apostolique et romaine est la religion de l'Etat.* Vous savez que cet acte constitutionnel a été solennellement juré par le roi Louis XVIII, *et qu'il en a fait concession et octroi tant pour lui que pour ses successeurs, et à toujours.* Il est, d'après cela, de toute inutilité de persister dans votre projet de réforme ou d'établissement d'une religion nationale, autre que celle que nous avons.

Le pape seul, comme chef spirituel du monde

chrétien, pourrait donner suite à vos Mémoires;
ce serait par sa seule autorité que vous pourriez
espérer de faire adopter aux personnes de notre
religion de nouveaux principes. Je pense, en un
mot, que sur le sujet qui vous occupe, vous ne
sauriez avoir satisfaction que de la part de la cour
de Rome, etc., etc.

Votre très-humble et très-dévoué
serviteur,

Signé, FLAUZAC.

Paris, le 14 Juin 1826.

———

*Rapport que me fut fait à Cahors aux fêtes de
Noël, Décembre 1825, concernant les grands
projets et hautes actions de l'empereur Alexandre
de Russie, dans les derniers jours qui précédèrent
sa mort.*

(*Extension de ce rapport à Bordeaux, en mai 1828, qui occasiona
une vive et douloureuse impression.*)

Il a été écrit ensuite comme ci-après :

Il ne m'est pas possible d'exprimer ici la sensible douleur que me donna le récit qu'on m'a
fait à Bordeaux, en Mai 1828, sur les circonstances de la mort de S. M. le Grand Alexandre,
empereur de Russie. La nouvelle de sa mort que
j'appris à Cahors, la veille de Noël 1825, me donna
d'autant plus d'affliction, qu'il me vint en même
temps ce que j'avais écrit de lui après la grande
révélation de 1807, concernant son apparition à
Jouan, en 1794, chose même confirmée en un
grand événement manifesté sur la plaine de Crayssac, en 1795, où Dieu apparut avec des anges,
ainsi qu'il a été écrit après ladite révélation.

Les grandes actions de l'empereur Alexandre, de 1825, furent traitées d'ultramontaines, d'après le récit que l'on m'en fit à sa mort; il me fut alors dit que cet empereur avait voulu effectuer ce qui fut manifesté à son ambassadeur, à Paris, en 1824, devoir être et écrit à cette cause.

L'empereur Alexandre, fondé sur des faits manifestés d'en haut, que j'ignorais en ce temps, crut devoir de suite travailler à ce que Dieu a manifesté devoir être ici-bas pour les hommes. La postérité fera là-dessus les éloges que méritent les justes actions de ce grand monarque. Ce qui est exprimé en la lettre que j'écrivis à M. le comte Desseze, pair de France, en 1826, confond les adversaires de ce grand souverain, qui sera loué dans les temps futurs pour son dévouement à la gloire de Dieu. Ce que disent les feuilles publiques du mois de Juillet 1826, porte à croire les douloureux récits qui m'ont été faits sur ce digne et grand monarque, qui a acquis la gloire éternelle, et sa résurection lui assurera une couronne qui durera toujours.

Paul LACOSTE.

P. S. Que desirait le grand Alexandre, mu par la justice qui l'animait en toutes ses actions? L'effet des promesses du Dieu concernant le Messie; des dons ou promesses de certains rois; enfin, ce qu'on appelle l'exécution des contrats, etc.

La Quotidienne, feuille du 10 Février 1827.

En laquelle il est dit que le Saint-Père mani-
feste désirer qu'on laisse l'intelligence dans toute
sa liberté ; car, est-il dit, la Religion est l'amie de
l'intelligence, par la même raison que l'athéisme
est proche de la matière...

Même feuille du 19 dit, art. de Paris.

Le Ministère, avec son projet de loi, ne res-
semble-t-il en effet pas à ce roi de Judée qui,
ayant appris qu'un enfant s'élevait ennemi de son
pouvoir, ordonna dans son ignorance le massacre
de tous les nouveaux nés de Bethléem.

Même Journal, du 7 Mars 1827.

A l'art. de Paris, il est dit :

Nous aimons à signaler le diocèse de Digne. Le
pieux Evêque de cette contrée, Mgr. Miolis, a éta-
bli des conférences ecclésiastiques qui se tiennent
tous les mois dans chaque canton, et où MM. les
Curés sont appelés à traiter, à discuter et à ré-
soudre des questions d'un ordre élevé, que le prélat a proposées d'avance sur toutes les parties de
sciences théologiques... Or, toutes les autres questions sont résolues avec la même force et la même
perspicacité, notamment celle-ci qui est d'une
haute importance : la foi peut-elle changer ? a-t-
elle jamais changé ? Aussi le digne prélat, dit-il
à son clergé, qu'il ne fait qu'annoncer ses propres

solutions : « Dans le sommaire abrégé, vous devez, nos chers coopérateurs, retrouver vos propres vos pensées, propres réflexions. Qu'il est beau, ajoute-t-il, de nous pénétrer tous ensemble des mêmes doctrines, pour n'avoir tous qu'une même foi, qu'un même esprit !...